AF438248

SOLUTION

DU

PROBLÊME SOCIAL

PAR

LA JUSTICE ET LA VÉRITÉ,

OU

**Répartition parfaite de l'impôt,
Gratuité de circulation ou moyen d'échange,
Transformation de l'intérêt en association sûre,
Établissement du crédit sur le capital éternel,**

ET

**Satisfaction à la propriété ou capital terre
produisant la nourriture à plus bas prix,**

Autrement dit la vie à meilleur marché.

———

Le jour où la première monnaie fut frappée, a commencé
la plus monstrueuse injustice qu'il y ait jamais eu sur la terre.

—

La propriété peut-elle exister dans d'autres conditions?
Quant à moi, je le nie.　　　　P.-J. Proudhon.

Oui la Propriété peut et doit exister dans d'autres conditions,
Conditions naturelles, loi de Dieu!

—

Le mensonge est le péché originel,
Son rédempteur est la vérité.

—

Le globe est une horloge divine,
La terre en est le mouvement,
L'argent l'aiguille,
L'un doit être monté éternellement,
L'autre regardée seulement.

PAR

P. A. RAYNAUD.

———

Prix 15 cent.

———

LYON,

Typographie et Lithographie de REY-SÉZANNE, rue St-Côme, 8.

1850.

BIBLIOTHÈQUE NATIONALE — R. F.

AVANT

ou

ÉTAT PRÉSENT DE SOCIÉTÉ.

—

Des centaines de millions d'hommes attendent ,

Les uns, la faveur de prendre une place à ce banquet de la vie, auquel Dieu nous a tous conviés,

Les autres l'assurance de possession de celle qu'ils y ont déjà prise,

Tous du bon vouloir ou de l'intelligence ,

Ici d'un seul homme , comme si cet homme était un Dieu;

Là, de plusieurs hommes , comme si ces hommes étaient des demi-Dieux.

Des ministres d'une religion éternellement parfaite ou divine, dont les chefs, non-seulement consacrent tous ces Dieux et demi-Dieux, mais encore se consacrent eux-mêmes : l'un comme le plus grand Dieu, les autres comme les plus grands demi-Dieux.

Des justices humaines dont la plus parfaite, peut montrer un de ses magistrats faisant impitoyablement condamner le principe qu'il a victorieusement défendu comme avocat.

Des budgets ou frais de société, aux chiffres fabuleux, conduisant droit à la banqueroute ou à une révolution sociale, c'est-à-dire une révolution comme on n'en aurait jamais vue, budgets établis par ceux qui en paient la plus faible part, puisque l'inique impôt d'aujourd'hui, ne pèse que sur le travail et la consommation, et nullement sur le capital argent.

Une dette publique, vrai miroir d'iniquités, presque pendant à celui de l'hypothèque foncière, tous deux index immuables du gouffre où doit s'engloutir la fortune publique.

Des Palais ou Bourses, véritables tripots, où une partie des joueurs peut impunément se servir de dés pipés, la plus immorale des loteries, supprimées cependant, à cause de leur immoralité.

Une catégorie d'hommes disgraciés, tous les agriculteurs ou capitalistes terre, les premiers capitalistes, ne peuvent échanger que le produit de leur capital, produit obtenu à la sueur de leur front, et paient l'impôt sur tout ce capital, qu'ils aient ou non la grêle etc., c'est-à-dire qu'ils en retirent ou non un revenu net.

Une catégorie d'hommes privilégiés, tous les capitalistes argent, peuvent échanger tout leur capital, mais n'échangent rien, et spéculent sur tout ce capital, auquel ils peuvent légalement faire produire, éternellement sans travailler, un résultat double, triple, quadruple, quintuple, c'est-à-dire cinq fois celui qu'obtient l'agriculteur par son rude travail, et cela par un contrat barbare, appelé faussement intérêt légal, contrat dans lequel les deux parties ne sont ni libres ni égales, l'emprunteur étant toujours sous la contrainte de la nécessité.

Tous ces priviléges ne paient aucun impôt; leur catégorie se divise ainsi :

Les créateurs de rentes ou prêteurs à l'État, véritables grands fossoyeurs, ou croque-morts des temps de peste, parce que la société est en désordre, ont le droit de spéculer sur ce désordre, en lui prêtant, d'abord en moyenne à 30 et 40 pour cent de bénéfice, puis avec une rente ou produit éternel et sans travail, de cinq pour cent par an net, sans aucun impôt.

Les actionnaires de la Banque, gros marchands de crédit et de circulation ou moyen d'échange, parce que la société n'a pas encore su s'organiser, ont le droit, au préjudice de tous les échangeurs ou industriels, d'émettre des moyens d'échange pour cinq fois la valeur de leur capital; autrement dit, ont le droit, de faire rendre éternellement et sans travail, à tout leur capital, un produit de 25 pour cent par an sans aucun impôt, avec les seuls frais d'administration.

Et cependant, en cas de révolution sociale, à laquelle le monde marche rapidement sans s'en douter, si la justice et la vérité n'interviennent par la puissance de Dieu, dans ce cas, tous les échangeurs ou industriels, c'est-à-dire les détenteurs de ces billets de banque, qui représentent seuls aujourd'hui tout le crédit, pourraient se trouver n'avoir entre les mains qu'un simple chiffon de papier.

Tous les autres capitalistes argent, petits croque-morts ou petits marchands de crédit et de circulation, moins privilégiés, parceque l'homme est imparfait, autrement dit, parce qu'il n'y a pas une confiance générale entre les commerçants, ont le droit de spéculer sur ce manque de bonne foi, c'est-à-dire ont le droit de faire rendre éternellement et sans travail, à tout leur capital, un produit de cinq pour cent par an net, sans aucun impôt, et encore ce taux légal est-il illusoire, car tout le monde sait que beaucoup trouvent les moyens de le travestir jusqu'à 10 pour cent et même plus; il est vrai qu'alors il est reconnu que ce sont des voleurs qui en cherchent d'autres.

Une catégorie d'hommes, marchands loueurs de logements, appelés propriétaires, véritables hermaphrodites de capital et de travail, parce qu'il existe un intérêt légal, peuvent faire rendre, pendant plusieurs générations et presque sans travail, à tout leur capital, un produit de 5 pour cent et au-dessus par an net, l'impôt payé par les locataires.

Une catégorie d'hommes, banquiers, faussement tarifés comme négociants, puisque leur industrie n'est que parasite, poussent cette industrie jusque sur les embarras de la circulation, c'est-à-dire les protêts et comptes de retour, qui forment la plus grande part de leurs bénéfices, et paient l'impôt de cette spéculation.

Une catégorie d'hommes, commerçants ou industriels, sous le besoin d'une somme de plusieurs milliards de crédit ou confiance, pour établir la circulation ou les échanges, ayant, par la dernière révolution, reconnu que ce crédit ou cette confiance est illusoire, parce que beaucoup le créent ou la prennent sans limite, sont obligés de restreindre leurs échanges pour les faire plus au comptant, autrement dit, sont obligés de diminuer la circulation ou le travail, et paient tous l'impôt sur ce travail, qu'il donne ou non du bénéfice.

Une catégorie d'hommes, ouvriers des campagnes, ne peuvent gagner qu'un modique salaire, puisque la terre ne rend net que 2 1/2 pour cent, vivent de privations, et s'ils n'émigrent pas dans les villes pour y faire un échange de leurs peines, travaillent et gagnent juste pour payer l'impôt.

Une catégorie d'hommes, ouvriers des villes, les plus malheureux de tous, parce qu'ils sont mal nourris, pour ne pas dire empoisonnés, et ont sans cesse sous les yeux la vue d'un bien-être auquel il leur est impossible d'arriver, quand ils ne chôment pas, travaillent constamment pour payer, non-seulement les impôts du gouvernement, mais encore ceux des villes, et s'ils ne peuvent travailler, les doivent payer et les paient quand même, car il faut boire, manger et se chauffer, à peine de mourir de faim et de froid.

Tel est le bilan fidèle du présent état de société, pris extérieurement, avec la perspective, si tout ce qu'on rapporte de la Californie est vrai, de voir arriver une nouvelle masse de capital argent, dont la circulation a grand besoin, puisque le crédit s'est suicidé, mais dont tous les travailleurs : capitalistes terre ou agriculteurs, commerçants ou industriels, et ouvriers des villes et des campagnes, devraient produire éternellement, au minimum, le taux légal de 5 pour cent par an de revenu net, sans aucun impôt ni travail des propriétaires, qui pour ce droit inoui, n'auraient eu que la peine de l'extraire de la terre,

Cependant, les capitalistes terre ou agriculteurs, qui par leur travail, ont défriché une terre inculte, ne sont-ils pas, pour en avoir un revenu, obligés de la travailler éternellement.

Ceux-ci, par le travail, ne peuvent capitaliser au plus, s'ils capitalisent, qu'à raison de 2 1/2 pour cent par an, en vivant frugalement ou de privations.

Ceux-là, sans travail ou par l'oisiveté, peuvent bien vivre, et capitaliser, une partie à raison de plus de 10 pour cent par an, comme les actionnaires de la Banque, le reste, comme les rentiers de l'état et autres, astreints au taux légal, à raison de 4 pour cent par an, et même plus; les rentiers à cent mille francs, pouvant bien vivre avec moins de vingt mille fr., et les rentiers à vingt mille fr. pouvant bien vivre avec quatre mille francs.

Les travailleurs, cultivateurs ou agriculteurs, commerçants ou industriels et ouvriers des villes et des campagnes, font et payent donc seuls, par leur travail et par l'impôt, toute la capitalisation des oisifs ou rentiers, et comme cette capitalisation dépasse de beaucoup celle du capital général national, que les travailleurs ne peuvent accroître que de trois manières :

1° Par le défrichement, l'amélioration de l'agriculture, la découverte ou l'extraction de mines de fer, de houille, etc.

2° Par l'extraction de la terre du capital argent.

3° Par les bénéfices sur les échanges faits avec les autres états de société.

Alors cette capitalisation, par son exagération inique ou barbare, est forcée d'apparaître sous deux comptes courants publics, ceux privés ou particuliers se soldant par des faillites ou banqueroutes journalières, comptes courants appelés, l'un hypothèque foncière, l'autre dette de l'état, lesquels comptes courants ne sont que les absorbants affreusement progressifs du capital général national.

Ainsi on peut calculer la vîtesse progressive de ces deux comptes courants, et fixer le temps qu'ils devront employer pour arriver au jour où sera absorbé tout le capital général national, c'est-à-dire au jour où il faudra solder ces deux comptes courants publics, comme ceux privés ou particuliers, soit, par la banqueroute universelle.

C'est la justice renversée, car la conscience comprend et commande, qu'une économie ou capital, doive entre les mains d'oisifs ou rentiers, diminuer avec le temps, au lieu d'augmenter, c'est-à-dire qu'une plus grande somme de travail à venir ou indéterminé, ait le droit ou la possibilité de produire une économie ou capital, supérieur à l'économie ou capital produit

par une moindre somme de travail passé ou dé-
terminé.

Ce qui équivaut à dire que la somme de travail des
siècles futurs, devant être un jour dans l'éternité, su-
périeure à la somme de travail des siècles passés, les
travailleurs futurs, s'ils en auront toujours le droit ou
la possibilité comme les travailleurs passés, devront
pouvoir un jour dans l'éternité, avoir économisé pour
racheter, des oisifs ou rentiers, tout le capital produit
ou économisé par les travailleurs passés.

Cette vérité est cachée, d'abord sous la confusion
du capital immobilier ou éternel, puisqu'il ne s'anéantit jamais, et du capital mobilier ou non éternel, puisqu'il s'anéantit toujours.

Puis sous la confusion du capital terre et du capita-
argent, les seuls capitaux éternels, confusion qui a
créé et qu'a augmentée, l'erreur du monnayage du
capital argent, lequel monnayage est l'origine et la
cause de toutes ces iniquités.

Dieu qui, dans sa justice surnaturelle, a voulu les
permettre, parce qu'il a la puissance de les punir et
de les racheter, voudra-t-il en permettre la consommation éternelle?

Non! Dieu, las de ces iniquités et de toutes celles
qu'elles font naître, a voulu et veut leur complète
disparition de la terre.

SOLUTION DU PROBLÈME SOCIAL
Par la Justice et la Vérité.

—

— Que doit-on entendre par socialisme ?

Science du progrès social, ou recherche des moyens pour arriver au meilleur état de société.

— Comment un état de société est-il meilleur qu'un autre ?

Un état de société faisant, sans injustice, moins de malheureux, en proportion du nombre de ses membres, est évidemment meilleur qu'un autre en faisant plus dans la même proportion.

— Peut-on dire que l'état de communisme serait le meilleur de tous ?

Oui sans doute, si tous les hommes voulaient s'y soumettre d'eux-mêmes, sincèrement et pour toujours, comme l'a prêché le Christ, ce sublime maître d'une religion divine, tellement divine que l'homme, dans son imperfection, doute qu'elle puisse jamais régner sur la terre, et la croit réservée pour le ciel.

— Avec notre imperfection, quel moyen prendre?

Celui que donne la pratique de ces trois mots : Liberté, Égalité, Fraternité.

— Comment peut-on les mettre en pratique ?

Par l'établissement de la République ou état social, c'est-à-dire le gouvernement de tous par tous, sans cesse basé sur le suffrage universel, le plus possible simplifié. [1]

Si le suffrage universel n'est pas capable de distinguer la vérité du mensonge, qui peut l'être en ce monde?

Si la voix du peuple n'est pas la voix de Dieu, qui peut la faire entendre sur la terre ?

Ainsi ,

Point de constitution immuable que le progrès de l'intelligence humaine, c'est-à-dire Dieu, oblige continuellement à changer.

Point de présidence, véritable royauté à terme, qui, avec l'imperfection de l'homme, cherchera toujours à devenir royauté sans terme, et comme il ne peut en être créée que de deux sortes, constitutionnelle ou absolue, ce qui signifie comédie ou despotisme, un peuple libre qui se respecte, ne doit supporter ni l'une ni l'autre; il doit se gouverner lui-même; le gouvernement de tous par tous, voilà la vérité; hors de là, tout est mensonge.

.˙. Des représentants toujours révocables par le suffrage universel, seul moyen pour renverser ce dernier boulevard révolutionnaire, la résistance légale.

---

[1] De telle sorte qu'un représentant puisse être révoqué et remplacé par huit à dix mille votes ou suffrages. suivant le nombre du dividende et du diviseur, c'est-à-dire avec le moins d'incommodité possible pour les électeurs.

.*. Des ministres dont un chef de signature, toujours révocables par les représentants.

Ces ministres, maîtres chacun dans leur ministère ou administration, mais n'ayant pas sur cette administration un droit absolu de vie et de mort, c'est-à-dire obligés de présenter toutes les nominations et destitutions des employés de l'état social, à la ratification de l'Assemblée nationale.

Là est la seule et véritable garantie du rouage de l'état social, dont chaque employé doit être considéré comme faisant mouvoir une roue d'engrenage.

La première nation de l'antiquité n'a jamais pu ni ne pourra jamais racheter sa liberté, parce qu'elle a exagéré le système d'organisation par communes, exagération qui l'a poussée à une monstruosité : sa division en petits états asservis, parlant tous une même langue.

La nation française doit enfin comprendre qu'elle travaille à la perte de sa liberté, parce qu'elle exagère le système contraire, c'est-à-dire le système d'organisation centrale ou d'unité, exagération qui la pousse à une monstruosité, grâce à Dieu chez-elle impossible, le commandement d'un seul à trente-cinq millions d'hommes passionnés pour la liberté et l'égalité.

Pour sauvegarder cette liberté et cette égalité, qu'elle sache aussi se passionner pour la fraternité, car il n'est pas fraternel, mais barbare, ce système qui fait dépendre le sort d'une quantité de familles. du caprice de quelques hommes, ou plutôt, en dernière analyse, du caprice d'un seul homme, dont la position même fait développer toutes les imperfections, si cet homme n'est pas Dieu ou le néant, tout ou rien.

Avec les réformes indispensables à chaque ministère,

Par exemple :

Établissement d'une banque assurance mutuelle, base fondamentale de tout l'édifice social.

Organisation des saintes professions, gardiennes de l'âme et du corps, sur la même base que celle non moins sainte, gardienne de l'intelligence humaine, c'est-à-dire tous les prêtres, médecins et professeurs ou instituteurs, nommés ou ratifiés, et largement ou entièrement rétribués par l'état social.

Une école de magistrature, parce qu'un magistrat ne doit pas donner le fâcheux exemple d'une subite conversion.

Une école d'administration, parce que l'état social ne doit être servi que par des hommes capables de le bien servir.

Transformation du service militaire en carrière libre, largement rétribuée, et renvoi dans ses foyers de toute la troupe de ligne, avec institution d'une garde nationale mobilisable au premier besoin, parce que celle créée en février est une preuve suffisante que jamais la France ne manquera de soldats de ligne.

Le service fait par les différentes armes ou corps militaires, et seulement par la garde nationale mobilisable (toute troupe de ligne), parce qu'elle doit s'habituer à la fatigue, pour le cas de guerre, ce dernier reste de l'état barbare, reste qui doit un jour disparaître de la terre.

Rachat des chemins de fer par l'État social, parce que ces nouveaux chemins remplacent l'ancienne voie publique, parce que remplaçant l'ancienne voie publique, ils doivent être comme elle exploités dans l'intérêt de tous, c'est-à-dire gratuitement ou sans bénéfice, et qu'il n'y a que l'état social qui puisse les exploiter ainsi.

Abandon d'exploitation de l'industrie du tabac, parce que l'exploitation de cette industrie, avec bénéfice par l'état social, constitue un monopole dans le commerce qui doit toujours être libre.

.*. La seule juste répartition des frais de Société, soit l'impôt sur le capital, mais sur le capital immobilier seulement, c'est-à-dire le capital éternel terre et argent.

Non l'impôt sur le capital mobilier, parce que le capital mobilier représente le travail, et que tout impôt direct sur le travail, est un impôt contre la consommation, comme tout impôt direct sur la consommation, est un impôt contre le travail.

Le capital mobilier ne doit être pris avec celui immobilier, que pour l'assurance mutuelle qui garantit de la grêle, de l'incendie et autres sinistres, et de la perte de meubles et immeubles par force majeure.

Oui, l'impôt sur le capital immobilier, par lequel on doit au plus vîte remplacer l'inique impôt d'aujourd'hui, mais avec transformation de l'intérêt en association, car seul, l'impôt sur le capital argent ne ferait qu'en augmenter l'intérêt, puisque ceux qui payent ce dernier, le payant par un contrat inégal, ne le payent que par nécessité.

** Remplacement de l'octroi des villes, impôt plus inique encore que le précédent, par un impôt toujours sur le capital immobilier seulement, c'est-à-dire le capital argent et le capital terre, sur laquelle sont bâtis tous les édifices ou maisons.

** Et enfin, la liberté, l'égalité, la fraternité, en un mot, la sainteté du travail et de la propriété ou capital, qui est sa récompense.

— Est-ce que ces trois choses : propriété, capital et travail, ne sont pas libres, égales, fraternelles?

Non, la propriété ou capital terre et le travail sont opprimés par le capital argent.

— Comment cela?

Le capital argent mal organisé, en devenant monnaie ou moyen d'échange, est appelé doublement à tort, à remplir le service de circulation.

1° Parce que, appelé seul à remplir ce service, il commet une injustice monstrueuse, un véritable vol, envers le capital terre qui y a droit comme lui.

2° Parce que le service de circulation devant être gratuit, sa qualité de capital l'empêche de remplir ce service gratuitement, aussi est-il obligé de cumuler, autrement dit, de porter intérêt, ce qui constitue une autre injustice monstrueuse, envers tous les échangeurs ou travailleurs.

— Mais s'il perd le droit de porter un intérêt légal, il est opprimé à son tour?

Non, si, appelé proportionnellement avec le capital terre, à remplir, par un signe représentatif, le service de circulation, il est obligé de transformer son intérêt en une association libre, égale et sûre.

Par exemple :

Les rôles ou états de propriété ou capital terre et argent, de tous les membres de l'état social, au nombre desquels figurent les ex-rentiers, étant établis pour l'impôt sur le capital, les sociétaires, par la bouche de leurs représentants, autorisent la banque sociale à créer des banquenotes [1] de qualité et quantité

---

[1] L'esprit populaire nommera certainement ces banquenotes *banques-soc*, ou plus simplement *sociales*.

nécessaires à la circulation ou aux échanges au comptant dans l'état social.

Ces banquenotes sont émises par la banque sociale, entre tous les capitalistes terre et capitalistes argent, compris les ex-rentiers, parune distribution proportionnelle au capital de chacun d'eux et contre consignation du capital argent, non équivalent, mais intégral.

Les échanges à crédit ou de confiance, s'établissent d'eux-mêmes, avec ou sans émission de bons ou reçus, basés sur le capital argent déposé dans les caves de la banque sociale, capital garanti par l'assurance mutuelle, formée de tous les meubles et immeubles de l'état social.

L'intérêt du représentant du capital argent devient ainsi impossible, puis qu'il arriverait à un taux inadmissible par les emprunteurs, qui peuvent toujours demander une nouvelle émission de ce représentant à la banque sociale, émission terrible, parce qu'elle détruirait l'équilibre entre les capitalistes argent et les capitalistes terre, par la concurrence qu'elle ferait naître de la part de ces derniers, concurrence dont le résultat serait l'obligation des premiers, à vivre éternellement sur leur capital augmenté.

Là est l'égalité parfaite entre les prêteurs et les emprunteurs, car tous sont également obligés et libres, les uns d'emprunter, les autres de prêter.

Ce prêt se transforme alors en association des capitalistes argent avec les travailleurs, cultivateurs ou agriculteurs, commerçants ou industriels et ouvriers des villes et des campagnes, travailleurs aux bénéfices desquels les premiers participent proportionnellement à leur capital, mais bénéfices nets, c'est-à-dire non compris la rémunération du travail de l'industriel, laquelle doit toujours être prélevée.

Cette rémunération est sacrée, car elle renferme la justice divine ou la possibilité pour les travailleurs futurs, de racheter un jour, des oisifs ou rentiers, l'économie ou capital produit d'une moindre somme de travail passé, par l'économie ou capital produit d'une plus grande somme de travail futur, si les travailleurs à venir, feront une économie ou épargne proportionnelle à celle faite par les travailleurs passés.

Cette association est libre, égale et sûre, puisque toutes les fortunes étant connues, il n'y a plus surprise de faillites.

— Mais les capitalistes argent peuvent échapper à cette réforme en exportant leur capital.

Où? Il n'y a pas au monde un seul gouvernement assuré par sa base; établis tous sur le déficit, le papier illusoire ou la fausse monnaie, ils sont obligés à cette juste réforme, s'ils ne veulent bientôt tomber écrasés par la banqueroute.

Mais outre cette raison sans réplique, on peut dire : Non, car sa valeur prendra immédiatement un agio, avec les variations qu'a toute propriété ou capital libre, variations qui dépendront du plus ou moins d'abondance de son extraction de la terre et des échanges avec les autres états de société, mais variations que suivra toujours, par la divine loi d'équilibre, la valeur de la terre et de tous les produits dont elle est la cause, par la nourriture de l'homme.

Cet équilibre se complète par la triple et simple combinaison

De l'accroissement du capital terre, par défriche‐ment, amélioration d'agriculture, mines de fer, de de houille, etc.

De l'accroissement du capital argent, par mines d'or et d'argent, et bénéfices sur les échanges faits avec les autres états de société.

De l'impôt proportionnel, régulateur de l'émission également proportionnelle, du représentant de ces deux capitaux.

— Quelle sera la règle de l'émission des banquenotes ; ceux qui en reçoivent peu, n'ont-ils pas intérêt à en recevoir davantage, et ceux qui en reçoivent beaucoup, n'ont-ils pas intérêt à n'en plus laisser émettre?

La règle de l'émission des banquenotes est l'intérêt de tous, c'est le strict besoin de circulation ou d'échange au comptant, dont le signe infaillible est sa lettre, cause des faillites.

Si ceux qui en possèdent beaucoup, ont intérêt à n'en plus laisser émettre, ceux qui en ont peu ou point, c'est-à-dire les travailleurs, comprennent que moins l'émission est forte et plus vîte ils peuvent par leur travail, devenir capitalistes ou propriétaires d'argent.

Comme l'agriculteur se passionne pour la possession du sol, qui devient chez lui une terromanie, de même l'industriel se passionnera pour la possession du capital argent, qui deviendra chez lui une métallomanie.

— Quel est le but de cette grande réforme ?

Détrôner l'argent, dont, par la plus grande et la plus inique de toutes les erreurs, on a fait un Dieu impitoyable, se reproduisant éternellement par lui-même, c'est-à-dire aux frais ou dépens de tous les travailleurs, capitalistes terre ou agriculteurs, commerçants ou industriels, et ouvriers des villes et des campagnes.

Le ramener dans sa nature primitive, aux pieds de sa mère, la terre, qu'il a trop longtemps opprimée, et, seuls capitaux immortels, l'un comme fécondité, l'autre comme moyen estimateur ou dénominateur de cette fécondité, c'est-à-dire de tous les produits de consommation, ou capitaux mortels, dont elle est la cause divine, tous deux réunis, les prendre proportionnellement pour base d'impôt et de circulation, ou moyen d'échange gratuit.

La justice veut que la propriété ou capital terre et capital argent, avancent seuls les frais de société qui en sont le principe et l'égide, parce que seuls indispensables de leur nature, en circulant comme produits, l'un du représentant du capital terre, l'autre du représentant du capital argent, ils établissent une parfaite ou divine répartition dans tout le corps social.

La vérité est qu'il ne doit y avoir sur la terre comme au ciel qu'un seul Dieu : le travail.

APRÈS

ou

ÉTAT FUTUR DE SOCIÉTÉ.

Plus de rente;

Plus de Bourse;

Plus de Banque privilégiée;

Plus de Banquiers ni autres parasites;

Plus d'impôts sur la consommation;

Liberté absolue du travail;

Diminution des loyers en attendant leur transformation.

Les capitalistes terre et argent, oisifs ou rentiers, associés avec les travailleurs, cultivateurs ou agriculteurs, commerçants ou industriels et ouvriers des villes et des campagnes, lesquels travailleurs ont toujours la rémunération de leur travail prélevée, mettent ces travailleurs en concurrence les uns des autres, comme de leur côté les travailleurs mettent en concurrence ces capitalistes.

Les capitalistes argent, commerçants ou industriels, remplacent le crédit de la banque actuelle par leur propre crédit mutuel, crédit gratuit et infiniment plus sûr que ne l'est aujourd'hui celui de la banque, qu'il est basé sur leur capital garanti par l'assurance sociale.

Les capitalistes terre ou agriculteurs,

Ceux qui ont des charges, en société, prélevant rémunération de leur travail, avec les capitalistes argent, leurs prêteurs,

Ceux qui n'ont pas de charge, pour leur propre compte,

Tous peuvent développer et améliorer cette première industrie nationale : l'agriculture.

Laquelle pourra et devra alors résoudre ce problème du bétail trois fois plus cher que le blé, autrement dit, de la viande trois fois plus chère que le pain,

Car,

Qu'est-ce que le blé, sinon un petit capital ne se reproduisant que par le travail de l'homme aidé de l'animal.

Qu'est-ce que le bétail, sinon un gros capital se reproduisant par lui-même avec les seuls soins de l'homme.

Alors aussi devront se résoudre d'eux mêmes, et le problème du sucre colonial et du sucre indigène, et le problème du libre échange entre tous les Peuples, problèmes qui n'en forment qu'un seul, à savoir : si Dieu a écrit sur les différentes parties de la terre : toi tu produiras du blé, toi du vin, toi du sucre, toi du fer, toi de la houille ou charbon de terre, etc.

C'est-à-dire si les peuples sont destinés à échanger leurs produits de matière première, mais jamais leurs produits manufacturés, si Dieu a donné à tous les hommes la même intelligence et le même besoin de travail.

En dernière analyse, les capitalistes terre et capitalistes argent, s'ils ne veulent pas travailler; autrement dit, s'ils ne veulent pas se faire les premiers agriculteurs et les seconds commerçants ou industriels, tous seront un jour, dans la personne de leurs descendants, d'abord obligés d'entamer leur capital, puis obligés de consommer peu à peu ce capital tout entier.

Telle est la loi de Dieu, qui n'a promis la paix du monde qu'à son accomplissement le plus parfait.

Enfin continuant sa marche, l'humanité entrera dans la grande voie de cette perfection que Dieu lui a destinée, mais que l'homme ne peut que faiblement entrevoir, et sur laquelle il doit se dire : Foi en Dieu.

www.ingramcontent.com/pod-product-compliance
Lightning Source LLC
Chambersburg PA
CBHW061454050726

47593CB00004B/1615